Anima, Amore, Speranza

Rocco Menzano / Wolfgang Massafra

Anima, Amore, Speranza

„Gedanken zum Leben"

Rocco Menzano / Wolfgang Massafra

Impressum

Bibliografische Information der Deutschen Nationalbibliothek:
Die Deutsche Nationalbibliothek verzeichnet diese Publikation in der
Deutschen Nationalbibliografie; detaillierte bibliografische Daten sind
im Internet über http://dnb.dnb.de abrufbar.

© 2019 Massafra, Wolfgang; Menzano, Rocco

Herstellung und Verlag: BoD – Books on Demand,

Norderstedt

ISBN: 9783749486953

Korrektorat: Marcus Jänsch

Covergestaltung: Wolfgang Massafra

Printed in Germany

Inhaltsverzeichnis

Vorwort

Wir zwei.... Rocco Menzano und Wolfgang Massafra, vom Leben, Schicksal oder wie auch immer zusammengeführt. Bei der Arbeit kennengelernt... für sympathisch empfunden, schätzen gelernt und am Ende Freunde fürs Leben geworden.

Zwei Menschen, die die gleichen Interessen haben, die gleiche Sichtweise, die gleiche Vorliebe fürs Hinterfragen, Reflektieren... miteinander reden...philosophieren... sich Gedanken machen um einen selbst, um die Familie, um Freunde und zuletzt auch um die Welt.

Die Welt, deren Werte immer weniger Bedeutung haben. Deren Werte immer seltener gelehrt werden.
Den Wunsch „etwas" zu verändern, sei es auch nur im kleinen Kreis.

Zwei, die die Vorliebe haben, die eigenen Gedanken aufzuschreiben... die eigenen Gedanken auszutauschen...in vielen „endlosen" Gesprächen. Und am Ende der Entschluss, einfach ALLE daran teilhaben lassen zu wollen.

Warum?

Um den Menschen behilflich zu sein, die mit Ihren Gedanken nicht weiterkommen. Weil sie denken oder glauben, damit allein da zu stehen. Um die Sichtweise vielleicht zu ändern. Die das Gefühl haben, keinen Ausweg zu sehen, keine neue Tür zu finden. Wir möchten zeigen, dass es nicht so ist.

Dass das wichtigste im Leben nicht die materiellen Güter sind... sondern die Seele, die Liebe und die Hoffnung.

Wir möchten unsere Gedanken Preis geben, damit andere daran teilhaben können, vielleicht Trost finden, einen neuen Weg für sich entdecken oder auch nur zum Zeitvertreib.

Wir wünschen Euch viel Spaß beim lesen... nachdenken...darüber reden oder diskutieren... in einer Zeit, wo „alle" über die Technik miteinander kommunizieren, auch mal wieder das persönliche Gespräch suchen und finden.

In diesem Sinne....

Euer Rocco...

Euer Wolfgang...

.

Alles Kopfsache!

Die Zeit vergeht so schnell, wer kennt das nicht.
Wenn wir auf etwas warten, vergeht sie nicht.
Wir denken oft an Vergangenes…
Wir sehnen uns nach Dingen oder Situationen die wir nicht
haben, oder in der Zukunft liegen.
Das tägliche Hin und Her beschäftigt uns.
Das hier und jetzt ist es, was wir oft nicht bewusst wahrnehmen.
Das hier und jetzt ist es, was wir genießen sollten.

…und das ist reine Kopfsache. Alles Kopfsache!

Und doch fällt es uns schwer, das für uns umzusetzen.
Aber nur das „jetzt" lässt uns glücklich sein.
Der Moment, die Situation in der wir gerade sind.
Jeder wünscht sich glücklich zu sein, bis an Ende unserer
Tage.
Dabei ist das Glück kein Dauerzustand, den man erreichen
kann. Und diese Erkenntnis macht uns am Ende zu schaffen.
Das Glück ist der Moment, den wir gerade erleben und
genießen sollten, egal was wir auch machen.

Das ist reine Kopfsache!

Verändern wir unser Denken, erleben und genießen wir mehr
das jetzt.

Und wir werden mehr glücklich sein können.
Zufriedener, denn wir leben dann nicht in der Vergangenheit
und warten nicht ständig auf die Zukunft.

Bevor ich die Überschrift aufs Papier gebracht habe, lag genau
diese in der Zukunft. Und jetzt ist sie Vergangenheit, denn ich
habe all diese Zeilen geschrieben. Dazwischen lag das hier uns
jetzt...

Nehmt jeden Tag, nehmt jeden Moment und genießt ihn, soweit
es möglich ist. Die Zufriedenheit und das Glück, diese Zeilen
schreiben zu können...   Diese Gedanken zu teilen...

Alles Kopfsache!

Jetzt sitze ich in der Shisha Bar, rauche meine Shisha, trinke
meinen Apfeltee und genieße es...

Diese Zeilen, den Moment.

                    Denn es ist alles Kopfsache

                              N. Massafra

Ein erfolgreicher Tag / Bevor der Tag beginnt

Der Morgen erwacht, ein erfolgreicher Tag beginnt.
Noch bevor ich meine Augen öffne,
wandern die ersten Gedanken hinaus.

Ich wasche mich, das Wasser vertreibt den Schweiß der Nacht.
Die ersten Schritte gehe ich
und schon freue ich mich auf alles…

Schnell finde ich einen bequemen Platz
und setze mich erst einmal.
Noch vor dem ersten Essen schließe ich kurz meine Augen.

Innerlich fahre ich runter, gewinne an Ruhe…
Gleichgewicht stellt sich ein, ich sammle mich.

Die Vergangenheit ist vergangen, ich lebe im Hier und Jetzt.
Gern gestalte ich meine Zukunft,
meine Vorfreude ist grenzenlos.

Souverän bin ich, überlegen stehe ich über den Dingen.
Ich bin ganz bei mir, störendes bewältige ich mit Geschick.

Ich bewahre meinen inneren Kern,
dieser gibt mir unerschöpfliche Kraft.
Ich bin ich, unverändert und unberührt.

Es tut mir keiner weh, ich bin ruhig, ruhig, ruhig…
kleine Gedankenruhe, Stille für kurze Zeit.

Atmung fließt durch meinen Körper,
ich bin ein Fels in der Brandung!
Konzentriert und motiviert bin ich nun bereit für diesen Tag.

Langsam öffnen sich meine Augen wieder,
mein Blick geht in Richtung Natur.
Besinnung zu diesem wichtigen Tag, Vorschau bis zum Abend.

Wir schreiben nicht das Schicksal in unserem Leben,
aber das Leben selbst hält das Schicksal für uns bereit.

Oh Herr, lass mich unterscheiden zwischen Gut und Böse...
die guten Gedanken brauche ich,
die schlechten Gedanken meide ich.

Klug führe ich meine Gedanken,
sie beeinflussen meine Gefühle.
Wie ich mich fühle, so handle ich,
das Wesentliche bringt mich zum Ziel.
Ich richte meinen Körper wieder auf, übe mich in den ersten
Bewegungen. Fein schmeckt mein erstes Essen,
gut vorbereitet gehe ich in den Tag.

R. Menzano

Und täglich grüßt das Murmeltier...

Es ist morgen... der Wecker klingelt und ich erblicke das Licht der Welt.
Die Gedanken kreisen und mein Tinnitus begrüßt mich stürmisch...

Es herrscht eine gewisse Unlust um aufzustehen, denn die Frage tut sich auf: Warum?

Jeder Tag ist irgendwie gleich trüb, tief in meinem Inneren... die dunklen Wolken hängen tief auf meiner Seele....

Hm... mein *Verdrängungsmechanismus* scheint wieder zu funktionieren und somit bin ich startklar für den Tag....
Wie eine Maschine stehe ich auf... gehe ins Bad. Routiniert erledige ich alles, was *notwendig* ist... und der Blick in den Spiegel zeigt?

Wieder kein Lächeln, wieder kein Strahlen in den Augen.

Der Tag kann beginnen...

So vergehen die Tage... die Wochen... die Monate und es scheint, als ob es niemals anders wird... und täglich grüßt das Murmeltier...

Ich überlege mir, was ich eventuell zu tun habe... welchen Einkauf ich zu erledigen habe... das ich mich um die Wohnung kümmern muss...

Da ist wieder dieses „dumpfe" Gefühl in mir... und der Tinnitus ist mein ständiger Begleiter... warum nehme ich ihn in letzter Zeit immer mehr wahr als früher??
Ist meine innere Ruhe dahin? Bin ich mittlerweile emotional so angeschlagen, dass selbst mein „Freund" sich Sorgen macht? Ich weiß es nicht, hm...

Ich erwische mich oft, dass ich auch so völlig gedankenlos bin... dass so rein nichts an Gedanken da ist. Das ich „stumpf" da sitze und mich irgendwie mit irgendetwas beschäftige und meine Gedanken komplett ausschalte....

Wovor schütze ich mich damit? Warum mache ich das unbewusst?

Das Leben zieht an mir sehr oft so vorbei ohne dass ich es wohl richtig wahrnehme....

Das macht mich dann traurig...

W. Massafra

„Der Weg ist das Ziel..." Konfuzius

Wer kennt diesen Satz nicht? Jeder hat ihn bereits mehrfach gesagt oder zu hören bekommen...

Wer kennt die „wahre" Bedeutung?

Es kann dabei um Geduld, Kontinuität und Selbsterkenntnis gehen.

Geduld... hm... was ist das? Wie viel Geduld soll oder muss ein Mensch haben?

War Konfuzius bekannt, was es bedeutet, vom Leben „gepeinigt" zu werden?

Vom Leben immer wieder Steine, Brocken und Berge in den Weg gestellt zu bekommen? Musste er jemals Geduld aufbringen? Über Stunden, Tage, Wochen, Monate oder gar Jahre?

Kontinuität...hm...was ist das? Wie lange kann, soll oder muss es dauern, bis man sein Ziel erreicht hat? Wo steht die Definition dafür? Und bringt die Ausdauer einen wirklich ans Ziel? Oder Bedarf es „mehr"?

Selbsterkenntnis...hm...was ist das? Wann erkenne ich mich selbst? Wie und wodurch? Was bringt mir diese Erkenntnis?

Ich mag den Satz... es ist einer meiner Lieblingslebensweisheiten.

Warum? Weil ich eine ganz andere Interpretation für mich entwickelt habe. Für mich ist „das Ziel" bereits bei der Geburt bekannt. Der Tod! Niemand weiß wann und warum wir sterben werden... was ich persönlich für gut empfinde.

Was lernen wir daraus?

Es ist am Ende völlig „egal" was andere denken, empfehlen, machen oder entscheiden. Wichtig ist „nur" was WIR darüber denken. Was wir dabei empfinden, wie es uns in dieser unserer Situation geht.

Sicherlich sind Geduld, Kontinuität und Selbsterkenntnis „wichtig" im Leben. Aber alles aus der ganz eigenen, persönlichen Sichtweise. Der eigenen Empfindung und Denkweise.

Dann können wir mit Geduld, Kontinuität und Selbsterkenntnis als Bausteine des Lebens den Weg bis zum Ziel meistern.

N. Massafra

Grenzenlos

Grenzenlos ist meine Liebe,
ja, wirklich ohne Grenzen,
ohne Unterschiede.
Vergebung ist die größte Macht.
Vergeben ist das Leid, dass du mir hast angetan.
Verjährt ist doch dieser Schmerz,
längst davon befreit ist mein Herz.

Machtlos fühle ich mich ganz allein,
wahrhaftig ohne Macht,
ohne deine Liebe.
Verzeihen ist ganz einfach.
Verzeihung ist die Frucht, die ich dir schenke.
Auf mein Recht möchte ich gern verzichten,
nach deiner Anerkennung will ich mich richten.

Sprachlos möchte ich nicht sein,
so ganz ohne Sprache;
ohne Zweifel, nein.
Verständnis ist das Wichtigste.
Verstehen ist der Schlüssel, der neue Wege öffnet.
Wenn wir mit einer Stimme sprechen,
werden wir gemeinsam alles erreichen.

Taktvoll seien unsere Gespräche,
reich an Takt und Rhythmus,
mit Gefühl.
Die Wahl der Worte ist entscheidend.
Entscheidungen lenken hin zu unserem Erfolg.
Mit dem Anderen im Einklang zu sein,
in Harmonie zu leben, das ist fein.

Liebevoll gehe ich auf Andere zu,
reich an Liebe und Vertrauen,
mit Sympathie.
Dankbarkeit ist das Zauberwort.
Danken möchte ich Dir, Du bist ein Geschenk.
Deine Gefühle respektieren, das möchte ich,
das Alles mache ich nur für Dich.

Hoffnungsvoll gestalte ich meine Welt,
reich an Hoffnung und Gebet,
mit Hingabe.
Der Glaube steht für mich über allem.
Glauben heißt für mich, Gottes Stärke zu suchen.
Unendlich ist seine Barmherzigkeit eben,
Verantwortung und Frieden gehören zu unserem Leben.

R. Menzano

Das Wunder dieser Tage

Wenn meine Gedanken wandern,
fliegen Gefühle durch die Luft.
Sie erreichen dein Herz mittendrin -
und Du erkennst genau wer ich bin.

Was du willst oder nicht,
frag nicht hin und her.
Deine innere Stimme flüstert dir die Antwort -
und ganz überzeugt fährst du fort.

Lerne mit deinem Herzen zu sehen,
richte deine Augen auf die Schmerzen anderer.
Ich brenne noch mehr, wenn ich für andere brenne -
und das ist die Leidenschaft, die ich Liebe nenne.

Fällt mir eine Entscheidung schwer,
befrage ich auch meinen Körper und Seele.
Dann lausche ich tief in mir drin -
und weiß dann ganz genau wie und wohin.

Ich überlege, um immer überlegen zu sein,
ich bin frei, das nimmt mir keiner.
Ich glaube an das Gute -
und überprüfe oftmals das, was ich vermute.

Mein Wunsch ist es, erfolgreich zu sein,
Erfolg bedeutet Glück.
Wohlbefinden streichelt meine Seele -
und deine Freundschaft ist die Kraft, die ich wähle.

Mein Glück möchte ich mit anderen teilen,
auch meinen Glauben gebe ich gerne weiter.
Gold und Geld sind nur Mittel zum Zweck -
und dein Wort fegt die sinnlosen Gedanken weg.

R. Menzano

Kraft

Oft denken wir, wir haben keine Kraft mehr um „das Leben" zu meistern!

Oft „verschwenden" wir unsere Kraft und Energien...

... in dem wir mit der Situation hadern. Uns immer wieder „nur" vor Augen halten, was gerade schlecht ist.

Uns ärgern über die Menschen, die Arbeit...oft über das Vergangene.

Bleiben stehen und sehen nicht mehr die Möglichkeiten die wir haben. Drehen uns mental im Kreis...immer wieder!

Schwächen uns dadurch... engen uns immer wieder ein, kommen nicht vorwärts.

Vergleichen uns gern mit Menschen, von denen wir ausgehen, denen geht es „besser".

An dieser Stelle sollten wir uns klar machen, was wir haben...wo wir stehen und wohin wir möchten.

Jetzt kommt eine Lebensweisheit zum Tragen:

Liebe es ... verändere es ... oder verlass es!

("Love it, Change it or Leave it")

Klingt einfach, ist aber oft schwer, weil wir uns damit schwertun.

Das sollten wir, ehrlich zu uns selbst, hinterfragen. Die Energien und Kraft darauf bündeln.

Lieben wir es?

...dann bleiben wir wo wir sind und genießen es!

Verändern wir es?

...gibt es eine Möglichkeit die Situation so zu verändern, dass wir sie erneut lieben können? Dann sollten wir alles daran tun um es zu schaffen.

Verlass es?

Wenn das o.g. beides nicht geht... partout nicht möglich ist, dann sollten wir diese Situation verlassen. Konsequent „gehen".

Gern auch mit Hilfe, denn man muss nicht immer alles alleine schaffen... ein großer Trugschluss in unserer heutigen Gesellschaft.

W. Massafra

Sehnsucht...

Ich wache morgens auf... niemand liegt neben mir
Ich gehe ins Bad... niemand den ich begrüßen kann.

Ich gehe in die Küche... mache einen Espresso nur für mich.
Ich setze mich auf die Couch... und es sitzt niemand bei mir.

Ich möchte mich unterhalten... rede mit mir selbst
Ich möchte mit jemand rumalbern... empfinde aber nur Frust.

Ich möchte küssen... weiß nur nicht wen.
Ich möchte lachen... niemand lacht mit mir.

Ich schaue fern... aber niemand schaut mit mir.
Ich möchte ins Kino gehen und das Popcorn teilen... aber allein
geht das nicht.

Ich möchte mich anlehnen... aber die Couch gibt es einfach
nicht her.
Ich überlege was ich den Tag über machen möchte... empfinde
aber keine Lust.

Ich möchte kuscheln... aber das Kissen gibt keine Wärme.
Ich möchte etwas kochen... weiß aber nicht für wen.

Ich möchte über die Welt philosophieren...
aber es hört niemand zu.
Ich gehe irgendwann ins Bett... und es kommt niemand mit.

Ich möchte nicht mehr diese Einsamkeit spüren...
und bin einsam.

Ich möchte so gern... und ich spüre die Sehnsucht.

Ich spüre Sehnsucht... die mich langsam verzehrt.

Sehnsucht nach all diesen wunderschönen Momenten im
Leben...

Und ich bin traurig... denn mit jeder Faser meines Körpers und
meiner Seele spüre ich...

Die Sehnsucht!

N. Massafra

Gestern

Gestern war es anders, anders als sonst, es fehlte etwas.

Dein süßes Lächeln, das jedem gefällt,
dein ansteckendes Lachen, das jeden befällt.

Hier war nichts los, alles ganz stille,
schon ein wenig traurig.

Nichts Süßes auf dem Tisch, keine Brötchen,
kein Gebäck und Kaffee fehlte zum Gedeck.

Du warst nicht da. Dein Platz war leer.
Wo bist du Schwester? Du fehlst mir sehr.

Aber heute scheint die Sonne, du bist wieder hier.
Nahe am Herzen, nahe bei mir.

R. Menzano

Wort für Wort

Sie hört mir zu, ganz genau,
Wort für Wort.

Alles kommt bei Ihr an und entfacht Begeisterung,
ganz gezielt.

Sie lächelt mir zu, wie schön,
Gefühl für Gefühl.

Sie wird erfasst und ist fasziniert,
tief in Ihr drin.

Es macht mich glücklich, ja froh,
Ton für Ton.

Wie lieblich ich sie doch erreiche…
und die Magie der Inspiration findet Berührung in mir drin.

R. Menzano

Du & Ich = Wir

Wir, das klingt so toll und doch so weit weg...

Hoffnung legt sich still und leise auf die Seele...

Die Wege verschlungen und verstreut...

Ich gehe sie mit täglichem Schmerz...

Der Funken der Liebe liegt tief vergraben in mir...

Und immer noch der Wunsch nach dem Wir...

Die Angst wird größer, die Traurigkeit wird mehr...

Die Freude auf Neues verstummt immer weiter...

In den vielen Stunden der Einsamkeit...

Zusammen erfreuen, zusammen erleben...

Die Gedanken lasten tief und schwer...

Die Angst des Allein seins wächst stets ...

Der Schritt hinter dem Abgrund steht vor der Tür...

Die Flügel der Glückseligkeit fliegen nicht...

Das Leben von Tag zu Tag....

Es verschwinden die Stunden, Tage und Wochen...

Der Schmerz im Kopf wird immer größer...

Die Lust am Leben immer kleiner...

Die Existenz ist ein Mechanismus...

Das Herz ist groß, am rechten Fleck...

...nun ist es gut, trübe Gedanken verschwindet...

N. Massafra

Eine neue Liebe

Die Sonne, das Licht,
ich sehe es gerade nicht,
aber ich spüre:
Das Strahlen in deinem Gesicht
ist das, was mein Schweigen bricht.

Worte aus meinem Munde,
diese sagte ich nie zuvor,
schau mal:
Sie öffnen nun Tür und Tor,
neue Gefühle machen die Runde.

Deine Nähe löst meinen Schmerz,
Leiden können wir meiden,
denn wir wissen:
das Glück ist nicht Gold und Geld,
nur Du bist der Schatz, sagt mein Herz.

Ich umarme Dich, sage auf Wiedersehen,
deine Stimme ist ein Genuss
und bedenke:
Ich sehne mich schon nach Dir,
schnell werden diese Tage bis dann vergehen.

Diese Blume will ich Dir schenken,
bunter könnte sie gar nicht sein,
weißt Du:
Die Farben dieser Pflanze sprechen von Dir,
ich werde viel an Dich denken.

Was für einen Tag hast Du mir beschert,
Dein schönes Lächeln ist so süß,
ich glaube:
Eine neue Liebe wird sich entfalten,
der Weg zu Dir hat mein Glück vermehrt.

R. Menzano

Du

Ich erblickte Dich hier und da... Deine Erscheinung war so wunderbar.

An manchen Tagen warst Du so nah und doch so weit weg... Dich anzusprechen hatte keinen Zweck. Meine Gedanken sagten mir, was will so eine tolle Frau mit jemandem wie mir?

Und ich erlaubte mir nicht diesen Traum... der Schmerz war vorprogrammiert.

Da plötzlich standst Du da, der Weg führte Dich zu mir. Wir fingen an zu schreiben, uns zu treffen...und ich spürte diese Seele neben mir. Es war wie ein Zauber... von Geisterhand, wir verstanden uns... als kannten wir uns schon ewig. So viel Vertrautheit, Nähe, Seele, Zuneigung, Liebe...

Wir verbrachten immer mehr Zeit miteinander, unsere Seelen kamen sich so schnell immer näher... Neben Dir verspürte ich all das, wonach ich schon mein ganzes Leben gesucht hatte. Ehrliche Zuneigung... das Gefühl, dass Du mich spürst. Das ich so wie ich bin, richtig bin... Ich kann es kaum in Worte fassen...Jeder Tag, jede Stunde, jede Sekunde mit Dir gab mir Seelenfrieden...

Ich spürte diese Seelenverwandtschaft. Wir sprachen über Ängste, Wünsche...Schmerz und Träume.

Wir halfen uns gegenseitig, diverse „alte" Schmerzen los zu werden... an einem schönen Ort, an einem wunderschönen Tag, einem unvergesslichen Wochenende... Wir, zusammen, gemeinsam und anscheinend für immer bestimmt.

Fingen an Pläne zu schmieden, für eine Zukunft...und ich erlaubte mir das Gefühl endlich angekommen zu sein. In meiner Fantasie sprießen Gedanken, wuchsen Träume und Pläne, die ich mir niemals erträumt hätte, denn es fühlte sich alles so gut an. Und ich wusste, Du bist es... Dich möchte ich aus Liebe und tiefster Zuneigung heiraten, den Bund für die Ewigkeit schließen...

In dieser kleinen Kapelle...in diesem kleinen Ort in Deutschland...

Dort saßen wir zusammen...umgeben von Menschen, die diesen Ort sich anschauen wollten. Und auf einmal waren wir ganz allein, nur wir zwei. Stille... wir brauchten keine Worte um das hier, jetzt und uns zu genießen... zu verstehen wie wertvoll genau dieser Moment ist.

Wir liebten uns... Du schriebst ein Lied für mich... für uns, für diese schönen Momente, für das Gefühl... es ist gut so, wie es ist.

... und plötzlich warst Du wieder weg!!!

Ohne eine Erklärung, ohne eine Chance... weg! Wolltest mich nicht mehr sehen, nicht mehr mit mir reden und ich wusste nicht warum. Fragte mich, was ist geschehen, was habe ich getan? Was war so falsch an alle dem?

In mir ging all das Knall auf Fall kaputt... Meine Träume zerstört, meine Wünsche in Stücke gerissen, mein Herz aus dem Körper entnommen und meine Seele zerfetzt.

Einfach so… ohne ein warum! Es ging in mir alles so schnell kaputt, dass ich keine Zeit hatte, eventuelle Wunden zu heilen… der Schmerz war zu groß, der Verlust zu heftig. Es hinterließ eine so große Leere…die ich bis heute nicht mehr auffüllen oder gar schließen konnte… Noch Monate lang, hoffte ich, dass Du plötzlich vor meiner Tür stehst, auf mich wartest und alles wieder gut wird. Ich verließ jeden Tag den Fahrstuhl in Richtung meiner Wohnung und mein Herz pochte stark… und als ich um die Ecke sah, erblickte ich eine leere Stelle. Du warst nicht da… und jedes Mal ging wieder ein Stück in mir kaputt, bin ich ein bisschen mehr gestorben.

Ich versuchte mein Leben weiter zu führen, aber ich konnte nur noch existieren… fiel innerlich immer tiefer in mein Loch und bin bis heute da noch nicht raus… Nun bin ich seitdem allein… habe vermutlich eine sehr große Angst, all das erneut durch machen zu müssen… lasse unbewusst dies nicht mehr zu.

Und schuld daran bist Du…

N. Massafra

Ein Engel unter uns

Ein immenser Saal,
so viele bekannte Gesichter
und einige neue kommen dazu.
Laute Stimmen, bunte Farben,
viele hier stehen, einige schon gehen
und mittendrin bist Du.

Haben wir einen Engel bestellt?
So blond, so schön…
Mein Blick trifft deinen.
Du lächelst, kommst mir näher,
welch Freude Du in mir weckst,
vor lauter Glück könnte ich schreien.

Welche Rolle spielst Du hier?
Was darf ich für dich tun?
Wir versinken in gedanklichen Ebenen.
Du bist begeistert von meiner Kunst,
ich suche nach neuen Worten,
für dieses Lächeln würde ich alles geben.

Du bist voller Witz, so klug,
Du ziehst mich in deinen Bann,
für meine Erkenntnisse hast du Empfang.
Wir sind auf einer Welle,
Deine Sicht der Dinge überzeugt mich,
Deine Stimme klingt wie Gesang.

Was für ein Glück, Dich zu kennen,
Du strahlst heute wie die Sonne,
wie vor einem Jahr, ich sah Dich, es ist lange her.
Möge dieser Tag nie vergehen,
wann sehe ich Dich wieder?
Von Dir möchte ich einfach mehr.

Du hast mir versprochen, in wenigen Tagen,
nach deiner Reise,
treffen wir uns erneut, wir miteinander.
Ich möchte Dich näher kennenlernen,
an Deiner Seite stehen,
immer mehr, füreinander.

R. Menzano

Entstehung

Aus dem Nichts und doch ganz bewusst,
entsteht etwas Neues.
Unerwartet, aber schon lange ersehnt,
bahnt sich ein neuer Weg in der noch alten Welt.
Es kam wohl aus der Ferne,
nun ist es hier unter uns.

Heilung

Ein neues Leben zeigt sich im Spiegel der Zeit.
Neue Kraft zum Glauben.
Neue Art Dich zu lieben.
Stark steht man über allem.
Man überwindet, man kämpft.
Gott hilft uns, er gibt dem Bösen keinen Gewinn.

Die Verletzung

Geht in die Knie,
gute Gedanken vertreiben den grauen Schmerz.
Bunte Farben treten zum Vorschein.
Ein neuer Sinn bestimmt unser Tun.
Ideen sprühen aus dem Verstand.
Neue Formen schöpft die Hand.
Oh Wunder, woher das alles kommt...
es ist der Herr, er kennt unsere Wege lange vorher.

R. Menzano

Befreiung (frei von Angst)

Ich habe die Angst verloren,
sie ist nicht mehr hier.
Sie wohnte bei mir,
ich ließ sie einfach gehen...
Ich habe nun losgelassen, allen Unsinn
und mit ihm auch die Angst.

Sie arbeitete an meiner Seite,
ich habe sie entlassen.
Sie beeinflusste mich,
flussabwärts treibt sie nun davon.
Sie bedrängte mich,
heute bin ich frei von ihr.

Sie lähmte mich,
nun kann ich ungehindert gehen.
Ich vermisse sie auch nicht,
habe ja neuen Mut dafür gewonnen.
Alte Grenzen kann ich schon überspringen,
neue Freude einfach gewinnen...

Von meinen Eltern bekomme ich neue Kraft,
denn sie lieben mich.
Sie stärken mich jederzeit.
Ich weiß, ich mach nichts verkehrt.
Gott nimmt mir die Angst und Zweifel,
denn er liebt mich ja unendlich.
Er ist voller Liebe und Gnade,
vergibt und verzeiht.

So liebe auch ich
ohne auf die gleiche Liebe zu warten.
Ich vergebe und verzeihe
immer wieder aufs Neue,
jeden Tag, weil ich mich so freue.

R. Menzano

Mein Wohlbefinden

Mein Wohlbefinden ist mir sehr wichtig.
Aktiv, präventiv und nachhaltig möchte ich für dieses Gut
sorgen.

Meine Sorge gilt der Gesundheit von Körper, Geist und Seele.

Die Nachtruhe, die innere Ruhe, die Beweglichkeit, die
Bewegung, die gesunde Ernährung,
das Figur-Bewusstsein, die Stimmung,
die Ausgeglichenheit, die Souveränität, die Freiheit,
die Kopffreiheit, der Optimismus, die Zielstrebigkeit,
die soziale Verantwortung, sind vorrangig die Werte, die ich
schützen und ich mir garantieren möchte.

Das heißt auch, dass ich meine Person verteidigen möchte, vor
Dingen, die mir schaden könnten.

Meine Erfolgs-Philosophie soll mir als Mittel dienen
zum Erhalten, zur Kontrolle, zur Regulierung,
zur Optimierung, zum Schutz und zur Verteidigung
meiner Person und meines Wohlbefindens.

R. Menzano

Die Seele

Das, was wir denken...

Das, was wir fühlen...

Das, was wir erleben...

Das, was wir sehen...

Das, was wir riechen...

Das, was wir sagen...

Das, was wir hören...

Das, was wir schmecken...

Das, was uns glücklich macht...

Das, was uns traurig macht...

Das, was uns zum Lachen bringt...

Das, was uns zum Weinen bringt...

Das, was uns Angst macht...

Das, was uns Hoffnung macht...

All das, berührt und verändert das Wichtigste, was ein Mensch hat…

Seine Seele…

N. Massafra

Tränen

Tränen... ein Spiegelbild der Seele...
... ein Zeichen des Leidens...
... ein Zeichen des Schmerzes...
... ein Zeichen der Freude...
... ein Zeichen der Hoffnung...
... ein Zeichen der Enttäuschung...
... ein Zeichen des Glückes...
... ein Zeichen der Erleichterung...
... ein Zeichen des Mitgefühls...
... ein Zeichen der Wut...
... ein Zeichen der Zuneigung...
... ein Ventil der Gefühle...
... kein Zeichen von Schwäche...

So viele Zeichen, durch eine „Flüssigkeit des Körpers"...

Und ich sitze auf der Couch... irgendeine Szene, irgendein
Song im TV, irgendein Gedanke und die Tränen laufen, einfach
so...unaufhaltsam.

Ich frage mich warum?   Traurigkeit?   Sehnsucht?

Das Gefühl etwas Besonderes, Wichtiges zu vermissen...
Der Wunsch, dass Träume wahr werden.

Keine Schande, keine Scheu... etwas Natürliches! Keine Angst
es zuzulassen... es zu zeigen...den Moment erleben!

Tränen... die eindeutige Gewissheit, dass man Gefühle hat...
sie zulässt, sie lebt und sie rauslässt.

Lebe sie, unterdrücke sie nicht... das ist auf Dauer noch mehr
Schmerz, noch mehr Leid.

N. Massafra

Ich sehe Dich...

... was sehe ich? Ich sehe Dich...
Ich sehe Dich, Du zerbrechlicher Mensch....
Mit Narben auf der Haut... und auf der Seele...
Mit einem unförmigen Körper....
Mit einem traurigen Blick.

Ich sehe Dich...
Verletzt...
Unsicher...
Ängstlich...

Ich sehe Dich...
Der, der sich nicht liebt... der sich nicht sehen mag...

Ich sehe Dich...
Warum lieben ihn denn andere? Freunde, Kinder?
Warum liebt ER sich nicht?

Ich sehe Dich... und kann Dich doch nicht begreifen...

Ich sehe.... Mein *Spiegelbild*.

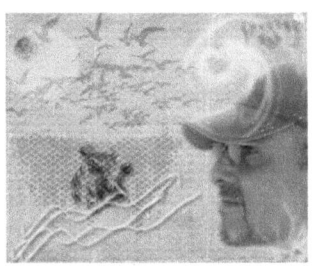

N. Massafra

Wünsche

Was sind Wünsche?

Wofür sind Wünsche?

Wünsche sind der Antrieb der Seele...

die Motivation für Bewegung, für Veränderung...

ist die Kraft zum Überleben... zum Leben!

Ist der Sinn des Daseins...

Ist der Zauber, der einem ein Lächeln ins Gesicht zaubert...

Der Glanz in den Augen...

Das Strahlen im Gesicht...

Hm... ich habe mir im Laufe meines Lebens meine Wünsche abgewöhnt, die Hoffnung verloren, dass sie jemals in Erfüllung gehen könnten... habe sie weg gesperrt und den Schlüssel vernichtet, damit sie nie wieder in Erscheinung treten und meine Enttäuschungen noch größer werden.

Ich habe keine Wünsche mehr, was mach ich nun????

Nun stehe ich am Gleis und es ist kein Bahnhof da...

Nun sehe ich den Zug, der nicht vor hat hier zu halten...

Ich stehe am „Abgrund" und gehe einen Schritt nach vorn...

... nun brauch ich keine Wünsche mehr

N. Massafra

...sich verlieren

Das Leben brennt... jeden Tag...
Die Verantwortung wächst, auch wenn ich es nicht mag.

Ich muss es tun, auch noch so schwer...
Schon renne ich immer hin und her.

Ich sag zu allem ja, bin immer dabei...
Kämpfe und mache, ruf mir die Anerkennung herbei.

Alle rufen und schreien nach mir...
Und ich sag laut, ich bin doch hier!

Jeder verlässt sich auf mich, rechnet mit mir...
Ich funktioniere gut und renne zu Dir.

Und dann kommt der Tag, irgendwann bestimmt...
Dass ich sie brauch und plötzlich keine Freunde mehr sind.

Schon stehe ich da, sinnlos und leer...
Die Hilfe, die ich brauch, sie kommt nicht mehr.

Geopfert, verbraucht und es geht mir an die Nieren....
Bin ich dabei, mich zu verlieren.

Stehe auf und schau mich um...
Halten die mich alle für dumm?

Ich sortiere aus, die Freunde ohne Ehre...
In dem ich allen den Rücken zukehre.

Gehe neue Wege und mein Gefühl ist ein gutes...
Jetzt denke ich an mich und sag mir, tu es!

Es geht mir gut, bin am neu orientieren...
Achte aber darauf, mich nicht zu verlieren.

Hab ein Lächeln und bin frohen Mutes...
Denn ich tu auch mir immer wieder Gutes.

Ich denk an mich und werde mich nie wieder verlieren....

N. Massafra

Wer bin ich?

Ich...

Single, Einsam, Depressiv, Lustlos, Übergewichtig, Leidenschaftslos... vom Leben gezeichnet, körperlich und seelisch. Ängstlich, Unzufrieden, Ungeduldig, ohne echte „Leidenschaft"...

Emphatisch, Verlässlich, ohne Motivation im privaten Bereich... Wohnung, Sport!

Nicht Gefühlskalt, aber wohl ohne erkennbares „ich liebe es Gefühl"...

Tiefgründig, Psychologisch und Philosophisch angehaucht...

Mit einem „Helfersyndrom"... aber gelernt, nicht für jedermann und um jeden Preis!

Auf der Suche... der Suche nach Liebe, Harmonie, für jemanden Mittelpunkt der Welt sein.

Geborgenheit, Zweisamkeit... aber auch auf der Suche nach dem „ICH"!

Intelligent, Humorvoll, das große Herz am rechten Fleck, interessiert, neugierig.

Jemand der die „alten" Werte kennt, schätzt und danach lebt... und dennoch ängstlich, Gesundheitlich eingeschränkt...

Immer kurz vor den Tränen und dennoch mit einem Lachen im Gesicht...

Mit dem Wunsche das Leben zu genießen und „alles" richtig zu machen!

Die Menschen beobachtend...

Sich Gedanken machend...

...immer wieder belogen und enttäuscht worden.

Ständig mit der einen Frage nach dem „Warum" beschäftigt.

Müde vom Kämpfen, dem immer wieder aufstehen... vom Hoffen auf „besseres"...

Mit dem Wunsch zufrieden zu sein, mich selbst zu akzeptieren und lieben.

Verloren in „meiner Welt", mit dem Bewusstsein, was ich will, den Weg aber nicht zu kennen, mutlos ihn vielleicht auch konsequent zu gehen.

Im ständigen Zwiespalt mit mir selbst...

N. Massafra

Gedanken zum Sein...

Das Leben wirkt träge und ist am Ende doch so schnell...

Die Zeit, sie rennt.... So unaufhaltsam sie ist... und doch gibt es Momente, da steht sie still.

Wir hasten, rennen und immer in Richtung Ziel...

Erkennen und sehen dabei nicht, das Leben bietet so viel.

Die Menschen sagen, wir haben keine Zeit.... die falschen Prioritäten liegen bereit.

Gönn Dir die Pause, die Zeit, zu sehen was um Dich geschieht... nehme wahr was Du sonst nicht siehst. Öffne Deinen Blick für die kleinen Dinge des Lebens, erfreue Dich am Sein. Denn das Hasten nach den Zielen, macht Dich nur schnell ohne glücklich zu sein.

Wo bleibt der Respekt, die Höflichkeit und das sich öffnen?

Wo bleibt die Toleranz, dass jeder Mensch ein Unikat ist, mit seinem Wesen und seiner Seele...

Wo bleibt die Hilfsbereitschaft ohne zu verlangen oder zu erwarten?

Der Weg den ich gehe, still, dunkel und einsam...

Ich decke mich zu mit den Gedanken zur Nacht...

Am Morgen die Sonne sie brennt auf der Haut, dringt aber nicht bis zum Herz...

Das Leben ist so voller Leid und Schmerz...

Ich suche täglich den Strohhalm im Licht, suche vergebens und finde ihn nicht...

Die Hoffnung sie glimmt in mir, so still und leise... und treibt mich jeden Tag auf eine neue Reise...

Der Weg ist das Ziel, der Weg ist so mühsam...

Meine Gedanken kreisen oft stumpf vor sich her... einen guten Gedanken fassen fällt dann schwer.

Das Selbstwertgefühl ist klein und zerbrechlich... so fühle ich mich schwach und oft so ängstlich.

Wann find ich mein Glück, wann finde ich meine Ruh....

N. Massafra

Warum...?

Warum bin ich so wie ich bin?
Warum denke ich so und warum fühle ich so?
Warum kann ich die Dinge nicht so angehen wie ich es
gernhätte?

Warum?

Warum ist mein Selbstwertgefühl nicht vorhanden?
Warum fällt es mir so schwer, SIE zu finden?
Warum passiert es immer mir?

Warum?

Warum haben meine Eltern mich so behandelt?
Warum bin ich der Mutter meiner Kids so gleichgültig, so egal?
Warum bin ich nicht konsequent beim Abnehmen?

Warum?

Warum kommen mir einfach so die Tränen, ohne jeden
ersichtlichen Grund?
Warum kann mein Herz nicht mehr lachen?
Warum fühle ich mich so einsam?
Warum glaube ich, dass ich „Schuld" habe?

Warum?

Warum lebe ich?
Warum finde ich keine Antworten auf all meine Fragen?
Warum beende ich nicht all diese Qual?

Warum?

Warum mache ich anscheinend alles falsch?
Warum? Warum? Warum? Warum? Warum? Warum? Warum?
Warum? Warum?

Darum…

N. Massafra

...vom Leben kaputt gespielt!

50 Jahre sind vergangen, seitdem ich das Licht der Welt erblickte...

Ohne die Frage ob ich es überhaupt möchte...

Seitdem kämpfe ich um Anerkennung, Zuneigung und Liebe...

Versuchte alles und ging so viele verschiedene Wege...

Fiel hin, stand auf und ging immer weiter...

Aber das Leben wurde dadurch nicht heiter...

Die Dunkelkammer des Lebens bietet kein Licht...

Eine Zukunft, ein Sinn des Lebens ist nicht in Sicht...

Freude, Glück und Nachhaltigkeit...

Hält das Leben eben nicht bereit....

Die Seele schmerzt, die Tränen fließen...

Das Leben in Frust und Lustlosigkeit kann man nicht genießen...

Die Narben auf der Seele werden tiefer und immer mehr…

Die Einsamkeit und die trüben Gedanken vermehren sich sehr…

Was soll ich tun, was ergibt noch Sinn?

Was ist nun richtig, wo soll ich hin?

Ich bin müde und des Lebens Verdruss…

Aber ich halte durch, bis zum Schluss.

Ich würde jetzt sagen und dass gezielt…

Ich wurde vom Leben kaputt gespielt!!

W. Massafra

Müde...

Ich bin so müde... meine Seele ist müde, meine Motivation ist so müde, mein Ehrgeiz ist so müde...

So müde vom vielen kämpfen, von den vielen Versuchen, dem immer wieder aufstehen, sich Aufrappeln um am Ende doch nur eine Enttäuschung zu erleben.

Müde sind meine Beine, meine Arme, mein Geist, mein Körper... mein ICH.
Mein Blick ist müde, meine Gedanken sind müde immer wieder sich Gedanken machen...

Am liebsten würde ich mich hinlegen, schlafen und nicht mehr aufwachen...und all das wäre vorbei.

Müde zum Leben... immer wieder den Versuch zu starten... immer wieder einen Korb bekommen, immer wieder zu sehen, dass ich es nicht schaffe, Versage!!

Müde...

Müde, ein Lächeln für andere aufzusetzen… Müde, über alles zu reden, es zu erklären, zu analysieren und doch nichts regeln zu können… Müde, intelligent zu sein und mich immer wieder mit der Situation auseinander zu setzen… Müde einen Weg zu suchen um den Ausweg zu finden…

Müde…

Müde, allein zu sein, müde Stärke zu zeigen wo Schwäche an der Tagesordnung ist… Müde, über die Zukunft nachzudenken, Müde, über die Vergangenheit zu denken… Müde zum Grübeln… Müde zum Leben…

Müde….

N. Massafra

Die Tage vergehen...

Die Tage vergehen...
Die Zeit sie rennt...
Die Liebe bleibt aus...

Die Sehnsucht wächst...
Die Seele weint...
Wie lange halte ich das noch aus...

Die Hoffnung stirbt...
Die Tränen laufen...
Die Wunschliste ist leer...

Die Wohnung ist stumm...
Die Stunden so lang...
Mein Gefühl sagt, ich kann nicht mehr...

Bin nicht allein...
Aber einsam schon...
Die Welt da draußen interessiert nicht mehr...

So ist mein Leben...
Ich nehme es an...
Denk viel nach und stelle mich quer...

Die Welt dreht sich doch...
Auch ohne mich...
Und ich vermisse es sehr...

W. Massafra

...jedes Jahr aufs Neue

Die Blätter fallen... bunt und wunderschön,
der Herbst, der kommt, ich kann es sehen...
Die Seele entdeckt die Gemütlichkeit,
nun lässt Mutter Natur den Sommer gehen...

Andächtig werden die Gedanken langsam schwer,
die dunkle Jahreszeit kommt nun daher...
Die Hände legen wir nicht in den Schoß,
die Lauferei und Organisation geht jetzt erst los...

Der große Trubel liegt nun bevor,
es hetzen alle, kommt mir so vor...
Wer bei wem, mit wem und wann,
am Ende kommt aber niemand wirklich an...

Der Kommerz nimmt seinen Lauf,
es geht jetzt los mit dem Rausch vom Kauf...
Noch größer, teurer und immer mehr,
die wahre Bedeutung kennt niemand mehr...

Die Liebe, Harmonie, das Zusammensein,
und mit dem Wunsch nicht mehr allein daheim...
Die Tradition wird nicht mehr gewahrt,
der Weihnachtsmann vor Schreck erstarrt...

Der Jahreswechsel steht dann auch vor der Tür,
wo geh ich hin, was bekomme ich wofür...
Und am Neujahrstag, gibt es Vieles was ich bereue,
und all das, jedes Jahr aufs Neue!

W. Massafra

Was ist bloß los??

Was ist los mit den Menschen??
Sie rennen, hasten... alles muss schnell gehen, möglichst gleich, sofort oder schon bevor ich überhaupt weiß, dass ich es will!

Wir haben einen Informationsüberfluss... wir wissen welcher Promi, Politiker, Sportler oder der Depp aus dem Netz, wann, was und warum gemacht hat. Wir wissen wer wo wieviel getrunken, gekifft, gekauft oder gemordet hat... und das weltweit!

Wir sind empört, wenn Facebook, WhatsApp und Konsorten mal für 5 Minuten nicht funktionieren... schreien laut auf und sind sauer. Und in der Nachbarschaft werden Kinder vernachlässigt, geschlagen, misshandelt und Menschen werden auf offener Straße verprügelt.

Aber ... wie geht es meiner Frau wirklich? Wie geht es meinen Kindern, meinen Eltern, Freunden und Kollegen *wirklich*?

Unser Blick richtet sich raus in die „große", weite Welt, die am Ende doch so klein geworden ist... Wir übersehen dabei aber die kleinen Anzeichen derer, die uns wichtig sein sollten. Denen am Ende unsere volle Aufmerksamkeit gelten sollte.

Wir ergötzen uns an dem was anderen passiert.…
Je peinlicher umso mehr wollen wir das sehen.
Umso mehr richten wir den Blick darauf. Und direkt neben Dir,
liegt ein Mensch auf der Straße, braucht Deine Hilfe und wird
nicht beachtet… Wir suchen nach den Schwächen des
anderen, zeigen sie auf und machen sie zur Lächerlichkeit.…

Jeder hat Schwächen… sie machen uns zu Menschen.
Schwächen zu haben ist keine Schwäche, aber genau das
dürfen wir nicht mehr zeigen, geschweige denn haben. Das ist
so traurig in dieser Welt… und nur um MEINE Schwächen nicht
zu zeigen, zeige ich auf andere, stelle sie bloß und verletze die
Menschen zutiefst.

Und dann wundern wir uns, dass Depressionen,
Angstzustände, Misshandlungen und Suizide immer häufiger
werden. Das sind die Volkskrankheiten Nummer 1 in der ach so
zivilisierten Welt!?

WIR nennen uns zivilisiert und benehmen uns schlimmer als die
erbärmlichsten Tiere… Ohne Rücksicht, ohne Empathie, ohne
Verständnis, ohne echte Zuneigung und ohne Menschlichkeit!!!

N. Massafra

Wege zum Glück

Verdrängung, Verdrängung, rechts von mir und links von mir.
Lasst mich durch!

Meine Lebensbahn soll frei sein.
Ich bin frei und will es auch bleiben, nach außen hin
und nach innen genauso.

Ich bin souverän, ich stehe über den Dingen.
Ich will so leben, wie ich es will und nicht durch fremde Dinge
meinen Weg bestimmen lassen.

Ich bewahre meinen inneren Kern und mein Kern schützt mich,
vor alldem, was ich nicht brauche.

Unermüdlich und unerschöpflich baut er mich von innen auf.
Zwischen mir und unbequemen, unfertigen und
unharmonischen Dingen soll ein merkbarer Abstand sein.
Ungehindert,
ohne Widerstand, komme ich immer besser voran.

Welten, die nicht zusammengehören, sollten besser
einen gesunden Abstand voneinander genießen.

Vieles aber lässt sich genial miteinander verbinden,
kleine Wunder macht man ja mit den eigenen Händen.

Nichts geht verloren an Erkenntnissen und Weisheit,
diese werden sogar täglich mehr, ich schätze sie sehr.

Ich bestimme, welche Gedanken in mir fließen,
ich bin nicht Sklave, sondern Herr über meine Gedanken.

Ich will Erfolg, das ist meine Natur, direkt, ohne Umschweife.
Vergangenes geschah für die Gegenwart.

Heutiges ist gut für das Morgen, so lerne ich immer genau
aus der Vergangenheit und bin gerüstet für die Zukunft.

Man muss die kleinen Dinge betrachten und begreifen,
aneinandergereiht ergeben sie einen großen Sinn.

Jede Geschichte, auch die eigene, möchte uns etwas sagen,
wir müssen sie nur richtig verstehen, mit Herz und Verstand.

Mein größter Lehrmeister ist das Leben selbst.
Das Wesentliche möchte ich erkennen

und nach dieser Erkenntnis effektiv handeln, dem Ziel
entgegen.
Über uns ist nur der Herr, der unsere Wege kennt.

Ich bin ohne Angst, Mut ist mein Begleiter.
Ich habe keine Zweifel, nur Hoffnung und Zuversicht.
Ich bin sicher, Unsicherheit brauche ich nicht.

Zwischen mir und meinem Ziel ist rein gar nichts,
nur die Lust zu gewinnen an Erfolg und Glück.

R. Menzano

Leichtigkeit …

Das Leben und ich… ein Kapitel für sich…

Das Leben ist toll… auch anspruchsvoll…

Das Leben ist schwer… das leichte Sein vermisse ich sehr…

Ich glaube, wenn man als Kind wüsste, was es bedeutet erwachsen zu werden, würden viele Kinder niemals erwachsen werden wollen!!

Der Verlust der kindlichen Leichtigkeit ist mit das „Schlimmste" was einem passieren kann im Leben.

Durch den Alltag, die Verantwortung, durch das Handeln der Menschen um einen herum und durch die eigenen Gedanken und Taten, verlieren wir diese Fähigkeit. Das macht das Leben am Ende schwer… man verfällt in Depressionen, Burn Out, oder in entsprechende Süchte, Alkohol, Drogen, Magersucht, Esssucht und Spielsucht.

Wir sind mit all dem überfordert und mit der Informationsflut… mit den Oberflächlichkeiten die unsere Gesellschaft ausmacht. Das der Schein mehr Wert hat als das Sein…

Das Statussymbole Menschen definieren und die, die sowas sich nicht leisten können oder wollen, als Minderwertig abgestempelt werden.

Ja... es gibt auch schöne Seiten, auf jeden Fall. Oft ist es leider so, dass die negativen Einflüsse so stark sind, dass das positive keine Chance auf Nachhaltigkeit hat. Und somit verpufft die Wirkung der positiven Momente im Leben...

Die entsprechende Flucht in eine Sucht oder in die Kriminalität ist oft ein Weg der gegangen wird. Manchmal mit dem Glauben, dass man eh keine andere Wahl hat.

Weil man sich allein und hilflos fühlt. Das führt dann wieder zwangsläufig zu Ängsten und zu aggressivem Verhalten.

Das Leben, die Gesundheit und das Eigentum anderer wird dann völlig außer Acht gelassen, wegignoriert!!

Es baut sich Hass, Frust und Neid auf... die dann alles noch viel schlimmer machen.

N. Massafra

„Ich weiß nicht, ob es besser wird, wenn es anders ist.
Ich weiß nur, dass es anders werden muss, um besser zu sein"

…und wieder eine dieser Lebensweisheiten.

Dank dieser „Weisheit" habe ich es unter anderem geschafft mein Leben zu ändern.

Jeder von uns, der in einer unglücklichen Situation steckt, kennt diese Angst vor dem Ungewissen…
Dem neuen… den Weg, den man nicht kennt.
Die Veränderung, von der man nicht weiß, ob und wie sie funktionieren wird.
Wir „wissen" alle, dass sich etwas ändern muss, damit es besser wird… ABER wir haben Angst davor.

Uns quälen all die Fragen:

Mach ich es richtig?   Was mache ich anders?
Wie wird es sein?   Was denken die anderen?
Was mache ich, wenn es auch nicht richtig ist?
Versage ich wieder, weil der Weg nicht richtig war?
Versage ich überhaupt?

…und vieles mehr!

Helfen uns all diese Fragen im Leben?
Nein, nicht wirklich... wir können nicht in die Zukunft sehen.

Wir wissen nicht, ob er der richtige oder falsche Weg ist.
Wir wissen auch nicht, ob der „andere" Weg besser gewesen
wäre, denn wir sind ihn nicht gegangen.

Erst wenn wir einen Weg gegangen sind, können wir diesen
beurteilen und bewerten.
Erkennen, ob er richtig war, falsch war, ob wir ihn hätten anders
gehen können oder sollen?

Das „Was Wäre Wenn" hilft nicht.

Im Grunde hilft nur eins!
Sich im Moment deutlich machen was man im jetzt möchte.
Was einem im jetzt gut tut, glücklich macht.

Sich überlegen, wie man den neuen Weg gestalten möchte,
ohne sich Gedanken zu machen, ob er links oder rechts richtig
seine könnte.

Den Weg dann „einfach" gehen.

Sich immer wieder reflektieren.
Immer wieder schauen, ob der Moment richtig ist.

Ob das Gefühl richtig ist und dann, wenn notwendig den Kurs ändern.
Ohne darüber nachzudenken, ob ein anderer Weg besser gewesen wäre, den sind wir aber nicht gegangen.

Genießt den Moment, lebt den Moment... schaut nach vorn, nicht zurück.
Dann werden die Änderungen richtig sein, helfen...

W. Massafra

Freunde

Eines Tages einmal, so sollt ihr wissen,
wollte mich ein Freund trösten, mit Worten trösten.
An dem Tag gerade war ich aber so untröstlich,
dass selbst die tröstenden Worte von einem meiner besten
Freunde mich gar nicht so trösten konnten.

Ich verstand relativ schnell,
dass uns manchmal auch der beste, gutgemeinte Trost sogar
von so einem wirklich freundlichen Freund, ausgeführt in
bestimmten Momenten zu bestimmten Anlässen so gar nicht
sich in seiner vollen tröstenden Wirkung entfalten kann
und letzten Endes mich auch gar nicht erreichen konnte.

Hier sprechen wir also gemeinsam von einer gewissen
eingeschränkten Tröstbarkeit.
Das ist der hier messbare Grad einer maximalen Entfaltung
eines Trostes in gewissen Momenten, zu bestimmten Anlässen.
Keine Spur von erfolgreich getröstet worden sein.

Nein, ganz ehrlich, ich war einfach traurig an dem Tag.
Der Grund dafür lässt sich ganz einfach in ein paar Sätzen
erklären:
Eine gute Freundin (und die war wirklich sehr gut in dem was
sie tat und sagte) wollte nichts mehr von mir wissen.
Mir nichts, dir nichts, einfach weg und davon, für immer,
es ging nicht schlimmer.

Damals, ich erinnere mich noch ganz genau, schenkte sie mir
sehr viel Freude, viel davon, ich ihr gelegentlich auch.
Übrigens eine sehr nette, aufgeschlossene, freundliche
Freundin, das sollt ihr wissen, so weit so gut.

Naja, mit der Zeit, man ist ja erfinderisch,
es mangelte nicht an Zeit und Ideen,
war ich folglich gezwungen eine neue Freundin zu suchen.
Die ich auch fand, kurz nachdem die andere verschwand.
Das lag auf der Hand, ich dachte mir, am besten wieder eine
gute, nette, adrette, freudebringende Freundin.
Wohlgemerkt Freundin, mehr nicht, eine Frau habe ich ja
schon, eine schöne, feine Frau, die meinen Namen trägt.

Die neue Freundin aber schenkt mir auch sehr viel Freude,
wenn nicht sogar mehr als die andere.
Umso mehr wir uns sehen und treffen
erhöht sich der Wunsch, uns nicht zu verlieren.
Sie ist sehr freundlich zu mir und deswegen bin ich auch
dementsprechend freundlich zu ihr.

Man kann also schon von einer intensiven Freundschaft
sprechen.
Ich bin erfreut, sie zu treffen.
Auch sie findet es amüsant und erfreulich,
mit mir etwas zu unternehmen.
Von Unfreundlichkeit keine Spur.
Das gegenseitige Erfreuen verbunden mit Verständnis
füreinander befruchtet und beflügelt die Qualität,
die uns verbindet.

Es verstärkt jedes Mal mehr den fühlbaren, harmonischen Grad
der Intensivität unserer freundschaftlichen Beziehung.
Von ihrer kreativen Freundlichkeit bin ich oftmals überrascht.
Ich habe sie nie unfreundlich erlebt, wirklich nicht.
Insgesamt bin ich sehr dankbar, dass ich sowohl eine liebe,
einzige Frau habe.
Übrigens einzig und einzigartig gleichermaßen, liebevoll und
schön in Übermaßen.
Man kann schon von einer großen Liebe sprechen
und zusätzlich mehrere Freundinnen und Freunde habe.

Ich sage „Danke" und zeige Dankbarkeit.
So nennt man übrigens den messbaren Grad der Intensität
des Dankens.
So kennt man mich.
Immer dankbar, so oft es geht, nie undankbar, keine Spur von
Undankbarkeit.

Meine Dankbarkeit, sollt ihr wissen, glaubt mir einfach,
hängt wahrhaftig mit meinem Glauben zusammen.
Ich bin gläubig, ich glaube an Gott, an das Gute im Menschen
und an wunderbare Taten voller Güte.
In meinem Glaubensbekenntnis ist nicht eine Spur
von Ungläubigkeit.
Meine Worte unterliegen einer gewissen Glaubhaftigkeit.
Das ist der Grad des Glaubens, der in meinem Herzen haftet.

Der Glaube, die Freude, die Liebe, der Trost, die Dankbarkeit
machen mich so richtig glücklich.
Mein Glücksgefühl drückt sich im Grad meiner Glückseligkeit
aus.

Da kann ich von Glück reden, dass ich all das habe.
Ich bin immer glücklich, nie unglücklich, keine Spur davon,
keine.
Und keine Spur davon, dass diese Geschichte nicht nur von
mir, sondern genauso viel von Dir erzählt.

R. Menzano

Zeit heilt alle Wunden…

Wer kennt diesen Satz nicht?
Wer hat ihn noch nicht zu hören bekommen oder gar selbst
gesagt?

Er dient als „Trostpflaster"… als Hoffnungsträger und soll
helfen, das Erlebte zu ertragen.

Und? Funktioniert das?

NEIN!!! …definitiv nicht. Die Zeit heilt keine Wunden.
Ich habe immer gesagt, dass die Zeit hilft, damit besser klar zu
kommen.

Aber auch das stimmt nicht, wie ich gestern erfahren musste.
Da habe ich einen Teil meiner Geschichte erzählt, ein extrem
schlimmes Jahr für mich.

Und als ich darüber erzählte, kamen ALLE Gefühle wieder
hoch, all das Schlimme, was erlebt wurde, war wieder so
präsent, als wäre es gestern passiert.

…und die Traurigkeit war überwältigend.

Es scheint, als ob nichts die Wunden heilt, die auf der Seele
lasten.

Aber was hilft dann?

Das Verdrängen und Ignorieren hilft definitiv nicht.
Dein Schweigen bringt Dich nicht weiter.
Deine Seele leidet mehr und mehr…

Nimm Dir den Mut, die Kraft und die Zeit um Deine Seele zu heilen.
Wir gehen ja auch zum Arzt, wenn wir körperliche Schmerzen haben.
Warum dann nicht auch bei seelischen Schmerzen?

Es ist keine Schande, kein Zeichen von Schwäche…im Gegenteil!
Zeige der Welt und Dir, wie stark Du sein kannst. Stark genug um Dich Deinem Schmerzen und Deiner Vergangenheit zu stellen und sie zu verarbeiten.

Seid stark. DAS heilt irgendwann Deine Wunden, nicht die Zeit allein…

N. Massafra

Urlaub

Entspannen, sich wohlfühlen,
herunterfahren, abschalten,
ankommen, loslassen,
sich verändern, neu werden,
sich entwickeln, Altes abwerfen,
frei werden, frei sein,
neu aufladen, Kraft tanken,
verdrängen, vergessen,
sich freuen, Luftsprünge machen,
Neues entdecken, Interesse wecken,
Gedanken verarbeiten, Ruhe gewinnen,
ins Gleichgewicht kommen, Balance halten.

Sich gehen lassen, zu sich finden,
einmal an sich denken, die Mitte finden,
sich sammeln, Gedanken ordnen,
entschleunigen, abbremsen,
träumen, Phantasie zulassen,
sich lösen, entfesseln,
langsamer werden, nichts tun,
Zeit vergehen lassen, stillhalten,
die Welt bewundern, dankbar sein,
besinnen, besonnen sein,
Abstand gewinnen, aus der Distanz betrachten,
sich etwas wünschen, neu starten.

R. Menzano

Der Tänzer

Kennst du die Schritte des Tänzers,
welch Rhythmus in ihm steckt,
aus Klängen entstehen spontan Bewegungen,
Gefühle finden so ihren Weg.

Impulse gehen direkt vom Kopf zum Fuß,
der ganze Körper dreht sich mit,
die Musik beherrscht ihn schon vom ersten Ton,
wunderbar geht er Schritt für Schritt,

Manchmal, zuweilen gedankenlos,
schwebt er schon ein wenig über seiner Fläche,
zwischendurch fast atemlos,
findet er zurück zur Mitte.

Die Melodien haben es ihm angetan,
Phantasie ist mit im Spiel,
nun sucht er sein Gleichgewicht fortan,
ein wenig Spaß, er verlangt nicht viel.

Schau mal, wie er tanzt,
er findet immer wieder eine Taktik,
hüpft und springt in die Luft,
die Umgebung schwindet in einem kleinen Rausch.

Dann lädt er auch seine Liebste ein,
mit ihm gemeinsam eine Runde zu drehen,
das ist doch fein,
er führt sie durch ein kleines Abenteuer.

Oftmals zieht er auch andere in seinen Bann,
sogar viele Tänzer gehen einfach mit,
und was passiert dann,
eine große Freude macht sich breit.

Ihr wisst schon, ich tanz´ so gerne,
mit Leidenschaft, von innen her,
schlechte Laune rückt in weite Ferne,
die Musik liebe ich so sehr.

R. Menzano

Wertschätzung

Wir Menschen… in der zivilisierten 1. und vermutlich auch 2. Welt. Hochtechnisiert… wirtschaftsstark… aufgeklärt… weltoffen… emanzipiert… mit einem Lebensstandard, der uns alles erlaubt… und am Ende mit einer solchen Oberflächlichkeit, Ignoranz und Intoleranz ausgestattet, dass man sich eigentlich schämen müsste, hier zu leben.

Oberflächlich, nur noch an sich denkend, mit Vorurteilen behaftet und alles was nicht der „Norm" entspricht, ablehnend gegenübertretend. Beleidigend, gewalttätig und sich anmaßend, dass das, was man selber denkt, immer und ausschließlich das Richtige sein muss.

Erst gestern ging ich durch die Straßen, auf dem Weg zu meiner Shisha Bar. Auf der anderen Straßenseite lief ein „junger" Mensch (vermutlich Mitte 20), der mich erblickte…was nicht allzu schwer ist. Ohne dass wir uns kennen würden, uns jemals vorher gesehen hätten, beleidigte er mich aus der Ferne… Ich sei fett und solle doch abnehmen… und was er noch so gebrummelt hat…

Menschen die man kennen lernen möchte, speziell online…die einen nur belügen, über Tage und Wochen…

Ohne jeglichen Respekt, null Toleranz und Höflichkeit dem anderen Menschen und seinem Hab und Gut gegenüber. Glaubend man sei etwas „Besseres", warum auch immer. Mit Sicherheit kein Einzelfall, weder in meinem Heimatort noch woanders in Deutschland.

Was ist bloß mit den Menschen passiert? Haben all die Eltern so dermaßen versagt?

Liegt es wirklich an der technologisierten Gesellschaft, in der wir leben? Wo sind all diese, wenn auch altmodischen Werte? Nicht alles, was neu ist, ist auch gut... Und nicht alles, was alt ist, ist schlecht und überholt, muss nicht verbessert werden.

Warum benehmen wir uns so? Vor allem, was bringt diesen Menschen das? Welches Gefühl löst es in ihnen aus, wenn sie andere beleidigen, diffamieren, ihnen weh tun (egal ob seelisch oder körperlich). Mit welchem Recht erlauben sich diese Menschen das?

Weil sie keine Konsequenzen kennen oder befürchten?

Wo soll das alles hinführen? Was soll aus den Menschen werden? Da wundert es mich nicht mehr im Geringsten, dass Depressionen die Hauptkrankheit in unserer Gesellschaft sind. Mobbing ist an der Tagesordnung, ohne dass wirklich Einhalt geboten wird.

Wir sehen uns als Menschen in der 1.Welt und benehmen uns schlimmer, als es Tiere jemals tun würden....

Alle schreien nach der Politik, die sollen alles richten... dabei können wir das selbst, wenn wir uns wieder in Erinnerung rufen, dass jeder Mensch auf dem Planeten auch ein Mensch ist.

Kein Niemand, nicht wertloser, nur weil er eventuell materialistische Dinge nicht besitzt....

Was nützen einem die neuesten, teuersten und schönsten Dinge, wenn wir uns schlimmer als die Neandertaler benehmen.

Es fehlt die Wertschätzung!

W. Massafra

Erkenntnis

Mache alles, aber ohne Angst .
Sorge dich nicht, lebe einfach .
Hab Spaß an den Dingen
und entdecke Neues.

Für einen Fehler untereinander haben 2 Schuld
und der Ursprung liegt noch weiter weg.
Im Leben gibt es verschiedene Entwicklungen,
die meisten davon völlig unabhängig von mir.
Ich bin nicht für alles verantwortlich, nein,
weder für die anderen noch für deren Erfolge.
Erreiche ich durch gutes Tun das Gegenteil,
so bedenke, ich bin nur ein Teil des Ganzen.

Man kann nicht alles planen.
Gott schreibt für uns den Plan des Lebens.
Im Leben erwartet uns das eine oder andere,
ich stelle mich auf beides ein, ganz souverän.
Oftmals sieht man erst beim Zurückschauen,
wohin die Zukunft führt.
Deswegen betrachte die Vergangenheit genau.
Suche Verständnis für die Dinge
und verzweifle nicht daran.

Urteile ohne zu verurteilen.
Verzeihe, vergebe und sei Vorbild.
Handle dann nach deinen Erkenntnissen
und kläre andere auf, ohne sie zu belehren.

Mach dich frei von Gedanken unnötiger Art
und vertraue deinem inneren Kern.
Die Stimme in dir, die zu dir spricht,
die überhört man nicht.
Folge ihr Wort für Wort,
sie macht dir Licht und bringt dir Übersicht

R. Menzano